AF194782

Impressum
Verlag: BABADADA GmbH, Nedderfeld 112 , 22529 Hamburg
Geschäftsführer / Verlagsleitung: Harald Hof
Druck: Books on Demand GmbH, In de Tarpen 42, 22848 Norderstedt

Imprint
Publisher: BABADADA GmbH, Nedderfeld 112 , 22529 Hamburg, Germany
Managing Director / Publishing direction: Harald Hof
Print: Books on Demand GmbH, In de Tarpen 42, 22848 Norderstedt, Germany

xue xiao

skola

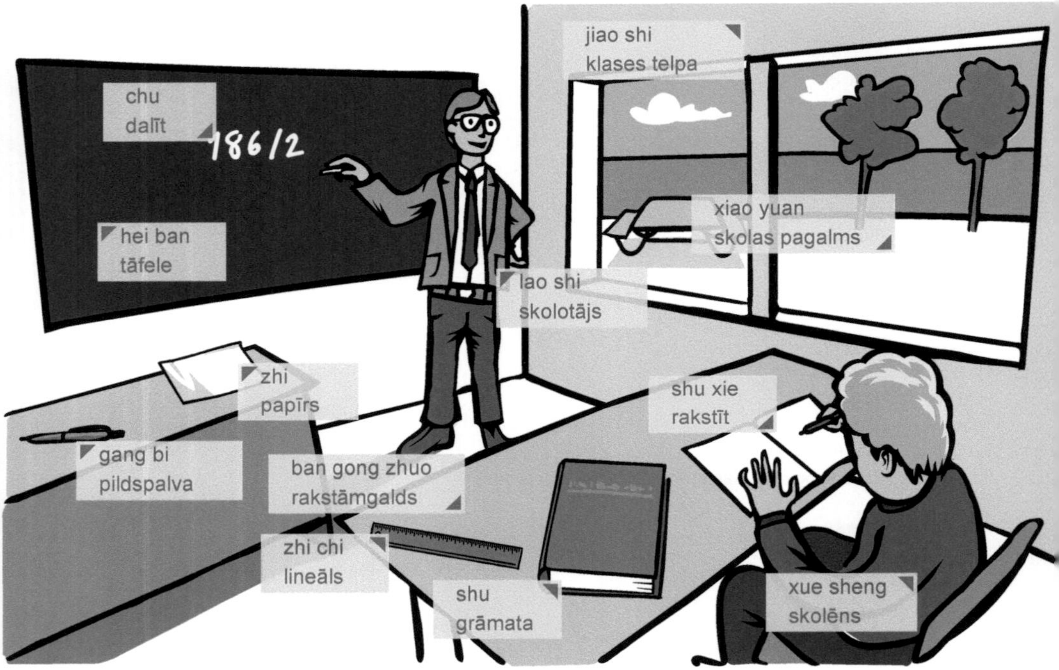
jiao shi
klases telpa
chu
dalīt
186/2
hei ban
tāfele
xiao yuan
skolas pagalms
lao shi
skolotājs
zhi
papīrs
shu xie
rakstīt
gang bi
pildspalva
ban gong zhuo
rakstāmgalds
zhi chi
lineāls
shu
grāmata
xue sheng
skolēns

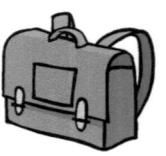

shu bao

skolas soma

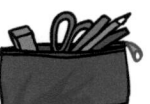

qian bi he

penālis

qian bi

zīmulis

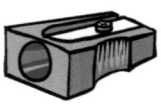

juan bi dao

zīmuļu asināmais

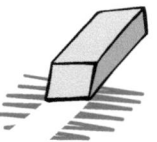

xiang pi ca

dzēšgumija

hua ban

zīmēšanas bloks

tu hua

zīmējums

hua bi

ota

yan liao he

krāsas

jian dao

šķēres

jiao shui

līme

lian xi ce

darba burtnīca

jia ting zuo ye

mājas darbs

shu zi

skaitlis

jia

saskaitīt

jian

atņemt

cheng

reizināt

ji suan

rēķināt

zi mu

burts

zi mu biao

alfabēts

zi

vārds

ke wen

teksts

du

lasīt

fen bi

krīts

shang ke

mācību stunda

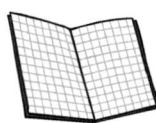

deng ji

žurnāls

kao shi

eksāmens

zheng shu

liecība

xiao fu

skolas forma

jiao yu

izglītība

bai ke quan shu

enciklopēdija

da xue

universitāte

xian wei jing

mikroskops

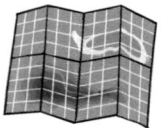

di tu

karte

fei zhi kuang

papīrgrozs

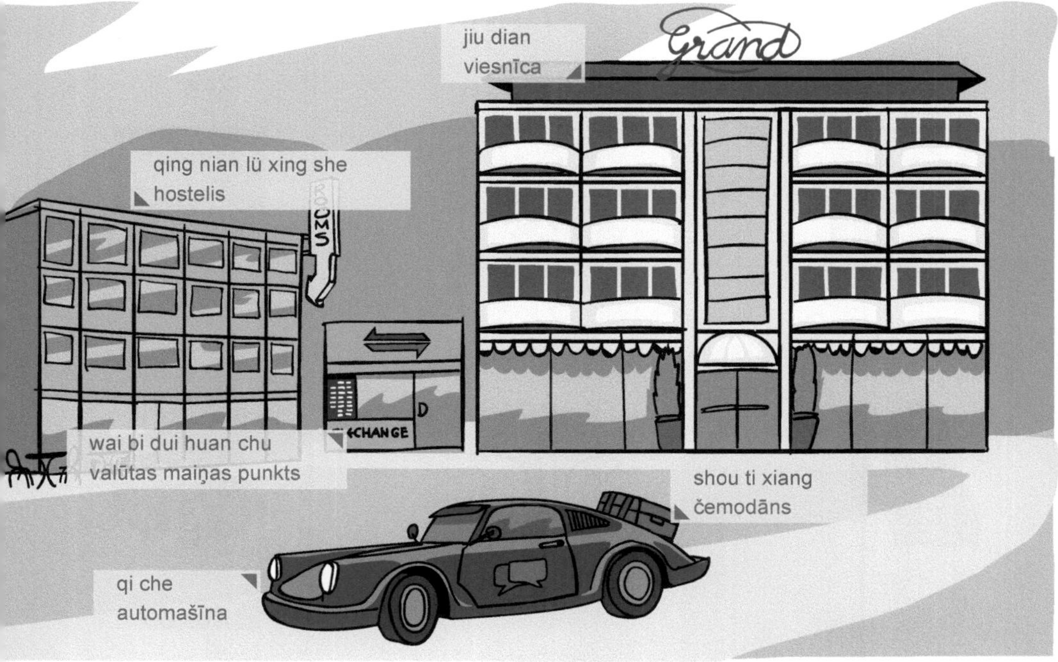

jiu dian
viesnīca
Grand
qing nian lü xing she
hostelis
ROOMS
wai bi dui huan chu
valūtas maiņas punkts
shou ti xiang
čemodāns
qi che
automašīna

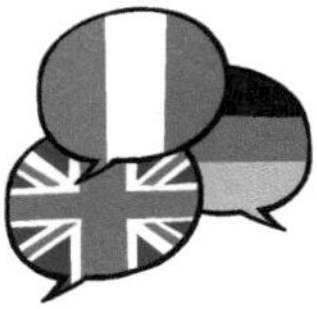

yu yan
Valoda

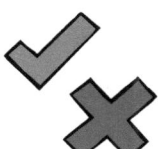

shi/fou
jā / nē

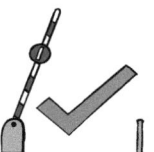

hao de
Okay

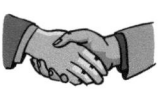

nin hao
Sveiki!

fan yi yuan
tulks

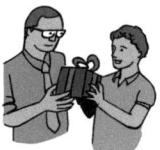

xie xie
paldies

......duo shao qian?

Cik maksā...?

wo bu ming bai

Es nesaprotu

wen ti

problēma

wan shang hao!

Labvakar!

zao shang hao!

Labrīt!

wan an!

Ar labu nakti!

zai jian

Uz redzēšanos

fang xiang

virziens

xing li

bagāža

bao

soma

shuang jian bao

mugursoma

ke ren

viesis

fang jian

istaba

shui dai

guļammaiss

zhang peng

telts

lü you xin xi

tūrisma informācija

hai tan

pludmale

xin yong ka

kredītkarte

zao can

brokastis

wu can

pusdienas

wan can

vakariņas

piao

biļete

dian ti

lifts

you piao

pastmarka

bian jie

robeža

hai guan

muita

da shi guan

vēstniecība

qian zheng

vīza

hu zhao

pase

jiao tong yun shu

transports

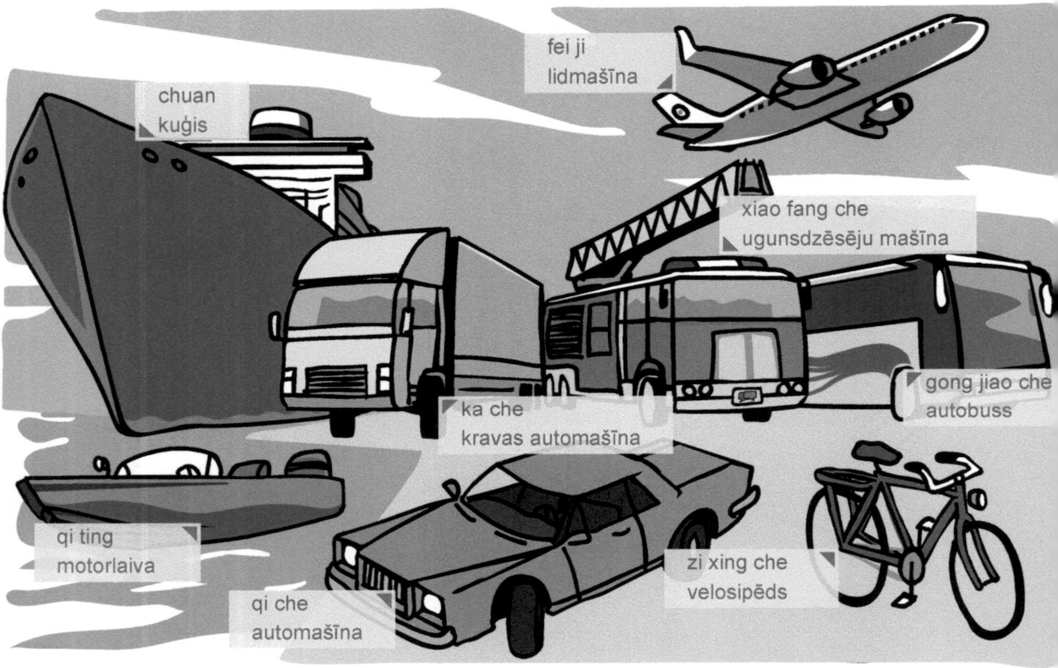

fei ji
lidmašīna
chuan
kuģis
xiao fang che
ugunsdzēsēju mašīna
gong jiao che
autobuss
ka che
kravas automašīna
qi ting
motorlaiva
zi xing che
velosipēds
qi che
automašīna

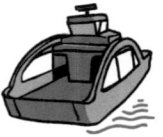

bai du chuan

prāmis

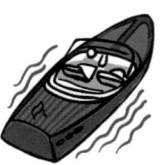

xiao chuan

laiva

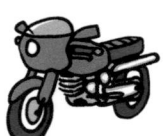

mo tuo che

motocikls

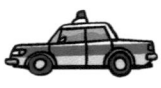

jing che

policijas automašīna

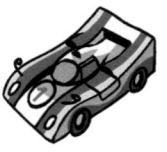

sai che

sacīkšu automobilis

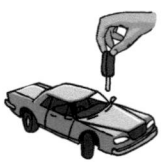

zu che

nomas auto

pin che

auto koplietošana

tuo che

evakuators

la ji che

atkritumu mašīna

fa dong ji

dzinējs

qi you

benzīns

jia you zhan

degvielas uzpildes stacija

jiao tong biao zhi

ceļa zīme

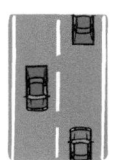

jiao tong

satiksme

jiao tong du sai

sastrēgums

ting che chang

stāvvieta

huo che zhan

dzelzceļa stacija

gui dao

sliedes

huo che

vilciens

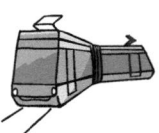

dian che

tramvajs

huo che

vagons

zhi sheng ji

helikopters

ji chang

lidosta

ta

tornis

cheng ke

pasažieris

ji zhuang xiang

konteiners

zhi ban xiang

kaste

shou tui che

ratiņi

lan zi

grozs

qi fei/jiang luo

pacelties / nosēsties

cheng shi

pilsēta

cun zhuang

ciems

shi zhong xin

pilsētas centrs

fang zi

māja

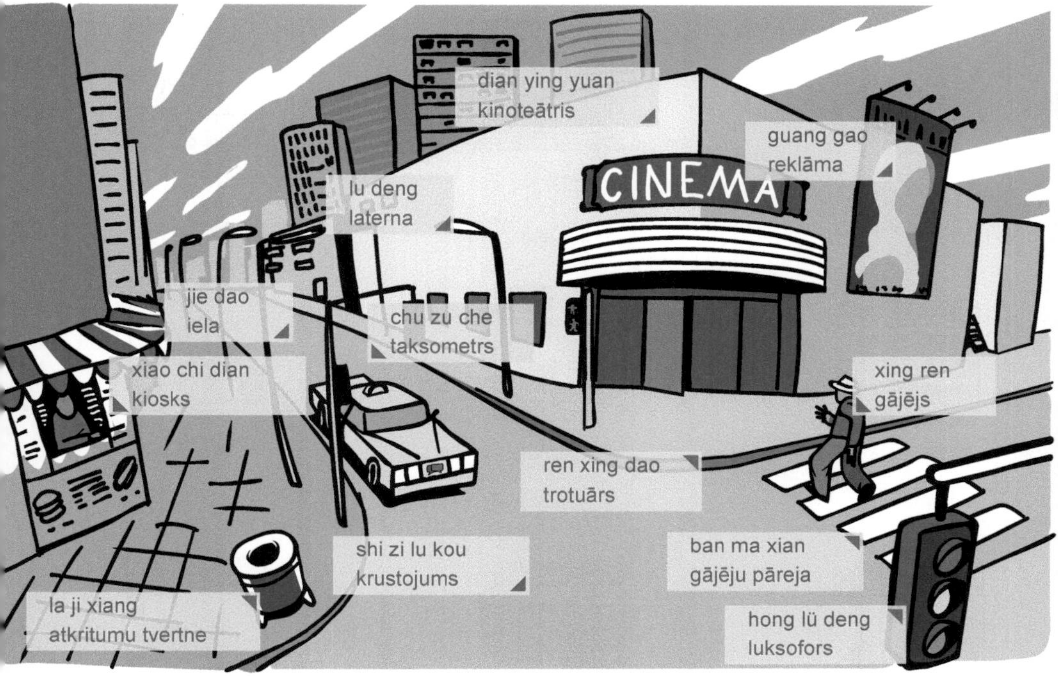

dian ying yuan
kinoteātris

guang gao
reklāma

lu deng
laterna

CINEMA

jie dao
iela

chu zu che
taksometrs

xiao chi dian
kiosks

xing ren
gājējs

ren xing dao
trotuārs

shi zi lu kou
krustojums

ban ma xian
gājēju pāreja

la ji xiang
atkritumu tvertne

hong lü deng
luksofors

xiao wu

būda

gong yu

dzīvoklis

huo che zhan

dzelzceļa stacija

shi zheng ting

rātsnams

bo wu guan

muzejs

xue xiao

skola

cheng shi - pilsēta

da xue

universitāte

yin hang

banka

yi yuan

slimnīca

jiu dian

viesnīca

yao fang

aptieka

ban gong shi

birojs

shu dian

grāmatnīca

shang dian

veikals

hua dian

ziedu veikals

chao shi

lielveikals

shi chang

tirgus

bai huo shang dian

tirdzniecības centrs

yu dian

zivju tirgotājs

gou wu zhong xin

tirdzniecības centrs

hai gang

osta

gong yuan

parks

chang deng

sols

qiao

tilts

lou ti

kāpnes

di tie

metro

sui dao

tunelis

gong jiao che zhan

autobusa pieturvieta

jiu ba

bārs

can guan

restorāns

you tong

pastkastīte

lu biao

ielas nosaukuma plāksne

ting che ji shi qi

stāvlaika skaitītājs

dong wu yuan

zooloģiskais dārzs

you yong guan

peldbaseins

qing zhen si

mošeja

nong chang

zemnieku saimniecība

wu ran

vides piesārņojums

mu di

kapsēta

jiao tang

baznīca

cao chang

spēļu laukums

si miao

templis

di xing

ainava

shu ye
lapa

zhi shi pai
ceļrādis

lu
ceļš

cao di
pļava

shi tou
akmens

tu bu lü xing zhe
ceļotājs

shu
koks

he
upe

cao
zāle

hua
puķe

xia gu

ieleja

shan

kalns

hu

ezers

sen lin

mežs

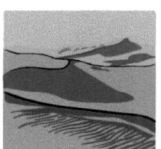

sha mo

tuksnesis

huo shan

vulkāns

cheng bao

pils

cai hong

varavīksne

mo gu

sēne

zong lü shu

palma

wen zi

moskīts

cang ying

muša

ma yi

skudra

mi feng

bite

zhi zhu

zirneklis

jia chong

vabole

qing wa

varde

song shu

vāvere

ci wei

ezis

ye tu

zaķis

mao tou ying

pūce

niao

putns

tian e

gulbis

ye zhu

meža cūka

lu

briedis

mi lu

alnis

shui ba

aizsprosts

feng li fa dian ji

vēja ģenerators

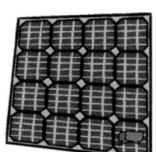

tai yang neng dian chi ban

saules baterija

qi hou

klimats

di xing - ainava

can guan
restorāns

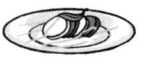

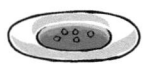

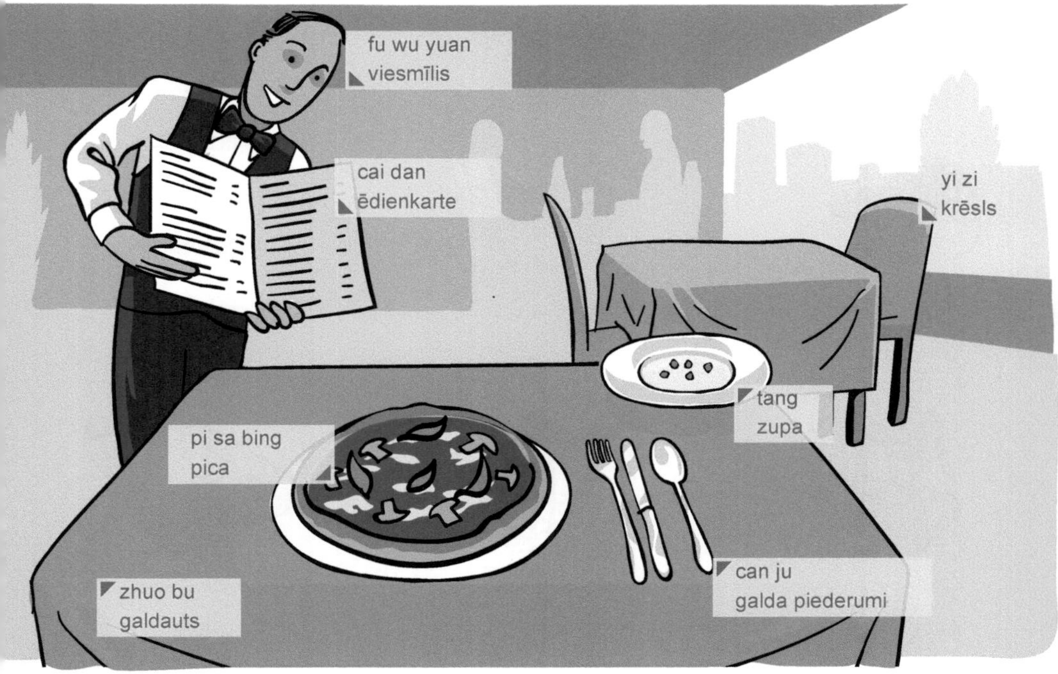
fu wu yuan
viesmīlis
cai dan
ēdienkarte
yi zi
krēsls
tang
zupa
pi sa bing
pica
zhuo bu
galdauts
can ju
galda piederumi

qian cai
uzkoda

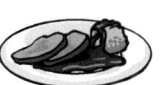

zhu cai
pamatēdiens

tian dian
deserts

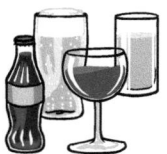

yin liao
dzērieni

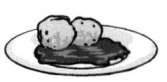

shi wu
ēdiens

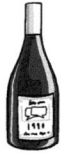

ping zi
pudele

kuai can

ātrās uzkodas

jie bian xiao chi

ielu uzkodas

cha hu

tējkanna

tang he

cukurtrauks

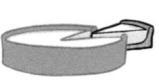

yi fen fan cai

porcija

yi shi ka fei ji

espresso kafijas automāts

gao jiao yi

bāra krēsls

zhang dan

rēķins

tuo pan

paplāte

dao

nazis

can cha

dakša

shao zi

karote

cha chi

tējkarote

can jin

salvete

bo li bei

glāze

can guan - restorāns

die zi

šķīvis

tang pan

zupas šķīvis

die zi

apakštase

jiang

mērce

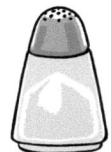

yan ping

sāls trauciņš

hu jiao mo

piparu dzirnaviņas

cu

etiķis

shi yong you

eļļa

tiao wei liao

garšvielas

fan qie jiang

kečups

jie mo

sinepes

dan huang jiang

majonēze

chao shi
lielveikals

te jia
piedāvājums
FOR
gu ke
klients
ru zhi pin
piena produkti
shui guo
augļi
gou wu che
iepirkumu ratiņi

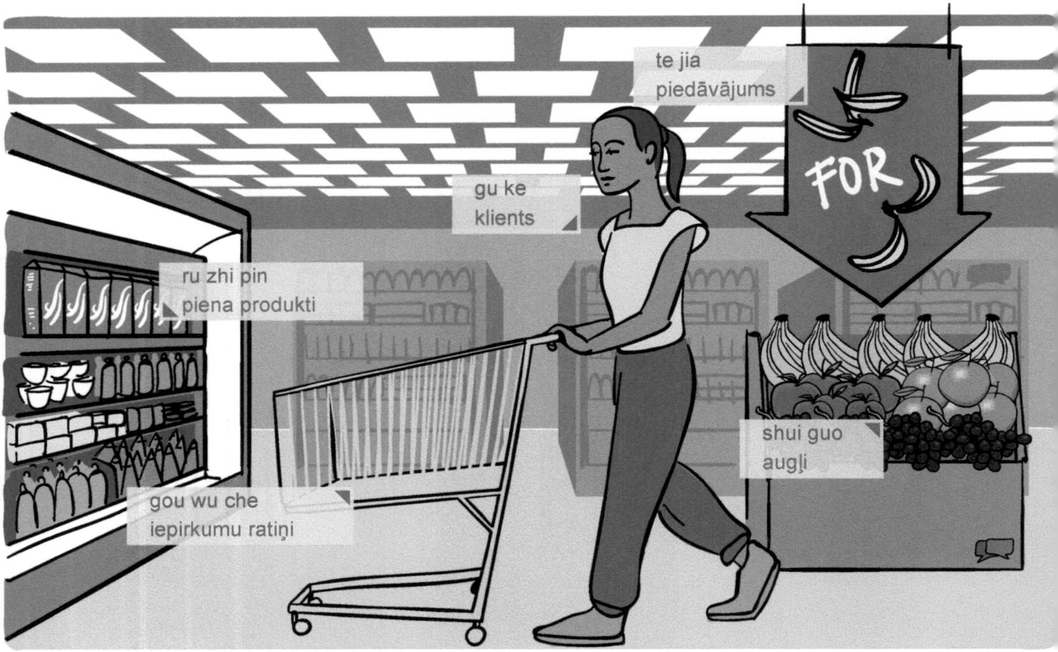

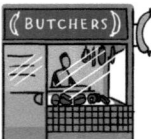

BUTCHERS

rou pu

kautuve

BAKERY

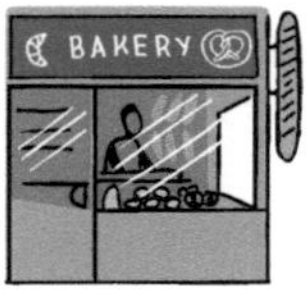

mian bao fang

maizes veikals

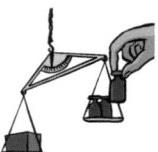

cheng zhong

svērt

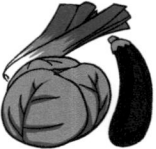

shu cai

dārzeņi

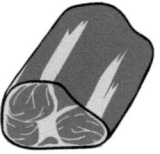

rou

gaļa

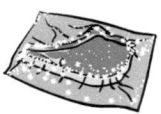

leng dong shi pin

saldēti produkti

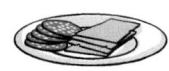

leng pan

aukstās gaļas uzkodas

guan tou shi pin

konservi

xi yi fen

pulveris

tian shi

saldumi

ri yong pin

mājsaimniecības preces

qing jie yong pin

tīrīšanas līdzeklis

xiao shou yuan

pārdevēja

shou yin ji

kase

shou yin yuan

kasieris

gou wu qing dan

iepirkumu saraksts

kai fang shi jian

darba laiks

qian bao

maks

xin yong ka

kredītkarte

dai zi

soma

su liao dai

maisiņš

shui

ūdens

guo zhi

sula

niu nai

piens

ke le

kola

hong jiu

vīns

pi jiu

alus

jiu

alkohols

ke ke

kakao

cha

tēja

ka fei

kafija

yi shi nong suo ka fei

espresso

ka bu qi nuo

kapučīno

xiang jiao

banāns

ping guo

ābols

cheng zi

apelsīns

xi gua

melone

ning meng

citrons

hu luo bo

burkāns

da suan

ķiploks

zhu zi

bambuss

yang cong

sīpols

mo gu

sēne

jian guo

rieksti

mian tiao

makaroni

yi da li mian tiao

spageti

mi fan

rīsi

sha la

salāti

shu tiao

frī kartupeļi

zha tu dou

cepti kartupeļi

pi sa bing

pica

han bao bao

hamburgers

san ming zhi

sviestmaize

zha zhu pai

šnicele

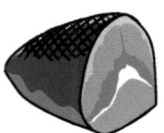

huo tui

šķiņķis

sa la mi

salami

xiang chang

desa

ji rou

vista

kao rou

cepetis

yu

zivs

yan mai pian

auzu pārslas

mu zi li

muslis

yu mi pian

brokastu pārslas

mian fen

milti

yang jiao mian bao

radziņš

mian bao juan

brokastu maizītes

mian bao

maize

kao mian bao

tostermaize

bing gan

cepumi

huang you

sviests

ning ru

biezpiens

dan gao

kūka

dan

ola

jian dan

cepta ola

nai lao

siers

bing ji lin

saldējums

tang

cukurs

feng mi

medus

guo jiang

marmelāde

qiao ke li jiang

riekstu krēms

ga li fan

karijs

nong chang
zemnieku saimniecība

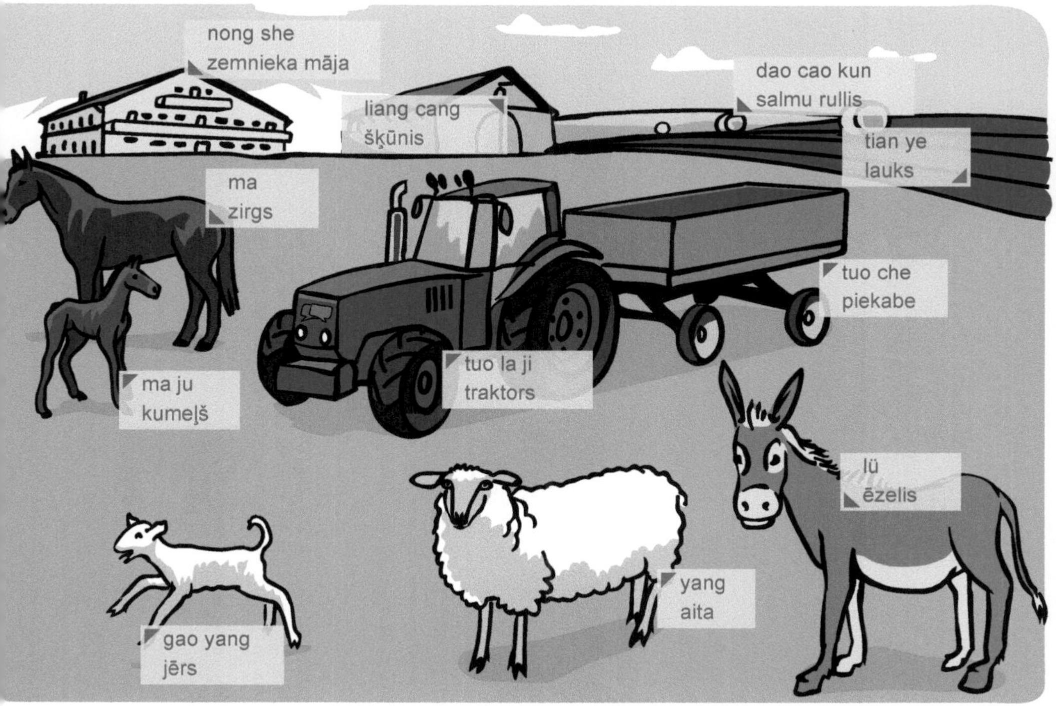

nong she
zemnieka māja
liang cang
šķūnis
dao cao kun
salmu rullis
tian ye
lauks
ma
zirgs
tuo che
piekabe
tuo la ji
traktors
ma ju
kumeļš
lü
ēzelis
yang
aita
gao yang
jērs

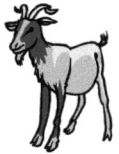

shan yang

kaza

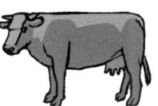

nai niu

govs

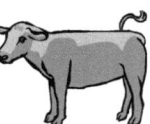

niu du

teļš

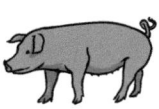

zhu

cūka

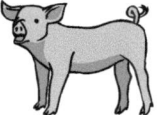

xiao zhu

sivēns

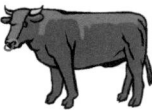

gong niu

bullis

e
....
zoss

ya
....
pīle

xiao ji
....
cālis

mu ji
....
vista

gong ji
....
gailis

shu
....
žurka

mao
....
kaķis

lao shu
....
pele

niu
....
vērsis

gou
....
suns

gou wu
....
suņa būda

hua yuan jiao shui ruan
guan
dārza šļūtene

sa shui hu
....
lejkanna

chang bing da lian dao
....
izkapts

li
....
arkls

nong chang - zemnieku saimniecība

lian dao

sirpis

chu tou

kaplis

chang bing cao pa

mēslu dakša

fu tou

cirvis

du lun shou tui che

ķerra

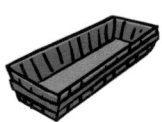

si liao cao

sile

niu nai guan

piena kanna

ma bu dai

maiss

zha lan

žogs

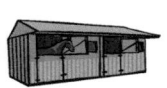

ma jiu

kūts

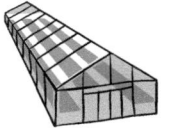

wen shi

siltumnīca

tu rang

augsne

zhong zi

sēklas

fei liao

mēslojums

lian he shou ge ji

kombains

shou ge

novākt ražu

shou ge

raža

shan yao

jamss

xiao mai

kvieši

da dou

soja

tu dou

kartupelis

yu mi

kukurūza

you cai zi

rapsis

guo shu

augļu koks

shu shu

manioka

gu wu

labība

fang zi
māja

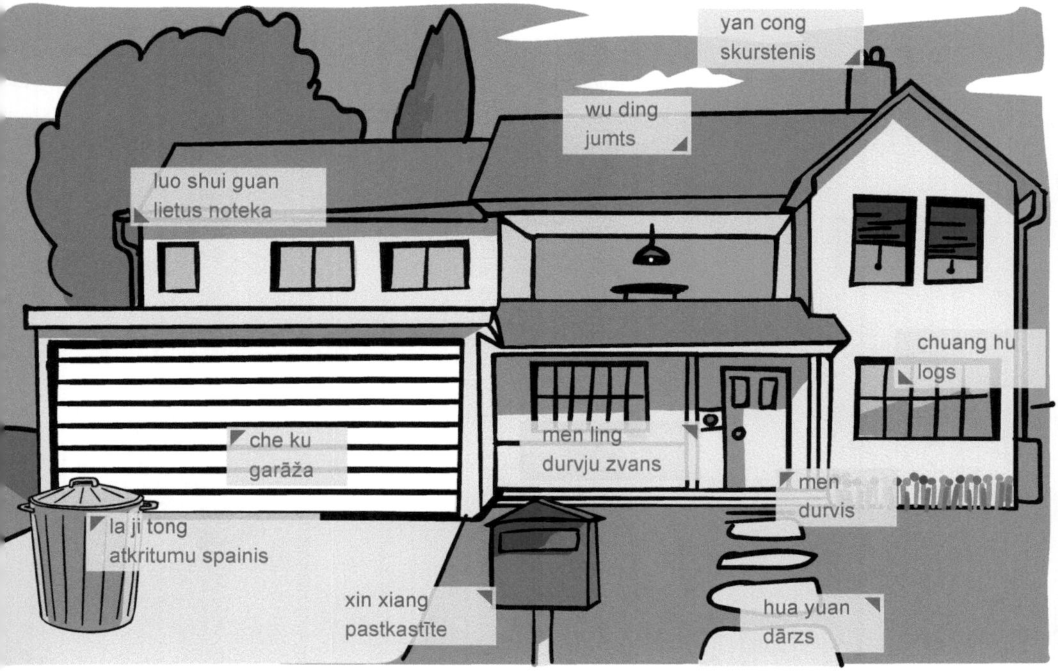

yan cong
skurstenis
wu ding
jumts
luo shui guan
lietus noteka
chuang hu
logs
che ku
garāža
men ling
durvju zvans
men
durvis
la ji tong
atkritumu spainis
xin xiang
pastkastīte
hua yuan
dārzs

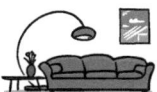

ke ting

viesistaba

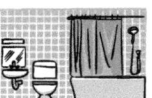

yu shi

vannas istaba

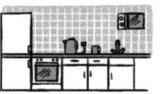

chu fang

virtuve

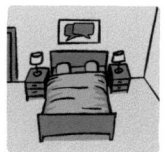

wo shi

guļamistaba

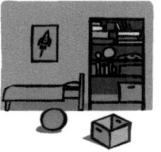

er tong fang

bērnu istaba

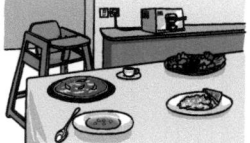

can ting

ēdamistaba

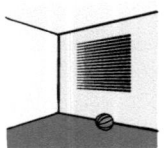

di ban

grīda

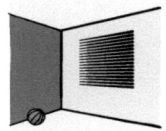

qiang bi

siena

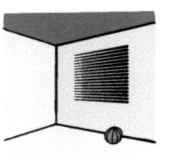

diao ding

griesti

di jiao

pagrabs

sang na

sauna

yang tai

balkons

lu tai

terase

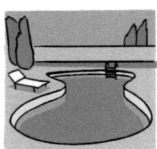

you yong chi

baseins

ge cao ji

zāles pļāvējs

bei dan

gultas veļa

chuang zhao

sega

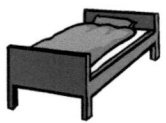

chuang

gulta

sao zhou

slota

shui tong

spainis

kai guan

slēdzis

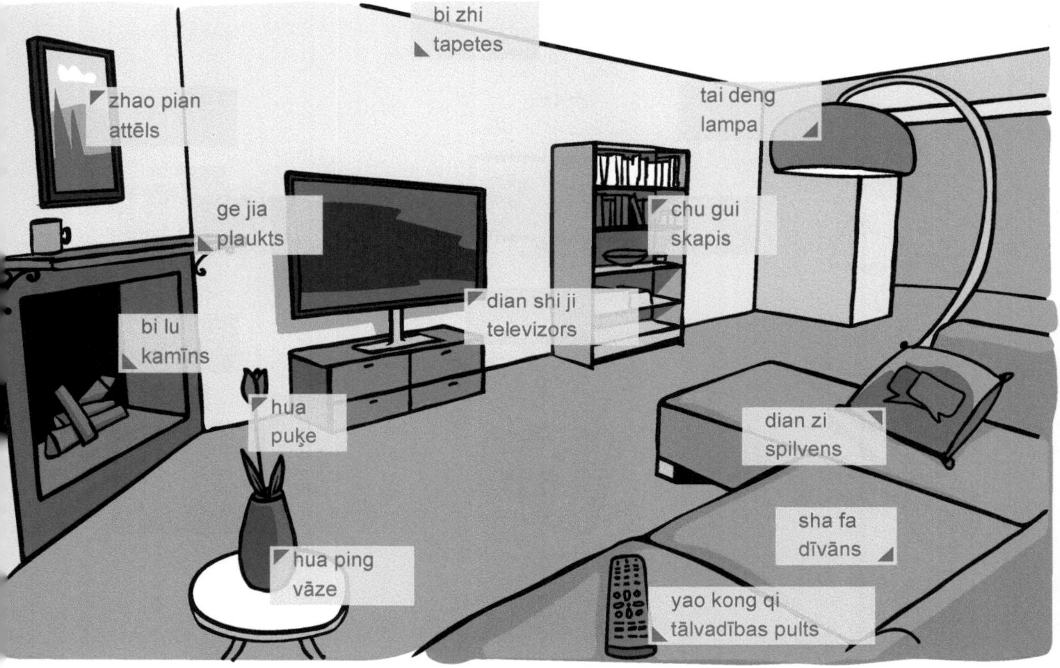

bi zhi / tapetes

zhao pian / attēls

tai deng / lampa

ge jia / plaukts

chu gui / skapis

bi lu / kamīns

dian shi ji / televizors

hua / puķe

dian zi / spilvens

hua ping / vāze

sha fa / dīvāns

yao kong qi / tālvadības pults

di tan
....
paklājs

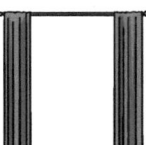

chuang lian
....
aizkars

can zhuo
....
galds

yi zi
....
krēsls

yao yi
....
šūpuļkrēsls

fu shou yi
....
atpūtas krēsls

shu

grāmata

tan zi

sega

zhuang shi pin

dekorācija

mu chai

malka

dian ying

filma

gao bao zhen yin xiang

mūzikas centrs

yao shi

atslēga

bao zhi

avīze

you hua

glezna

hai bao

plakāts

shou yin ji

radio

bi ji ben

pierakstu blociņš

xi chen qi

putekļu sūcējs

xian ren zhang

kaktuss

la zhu

svece

chu fang
virtuve

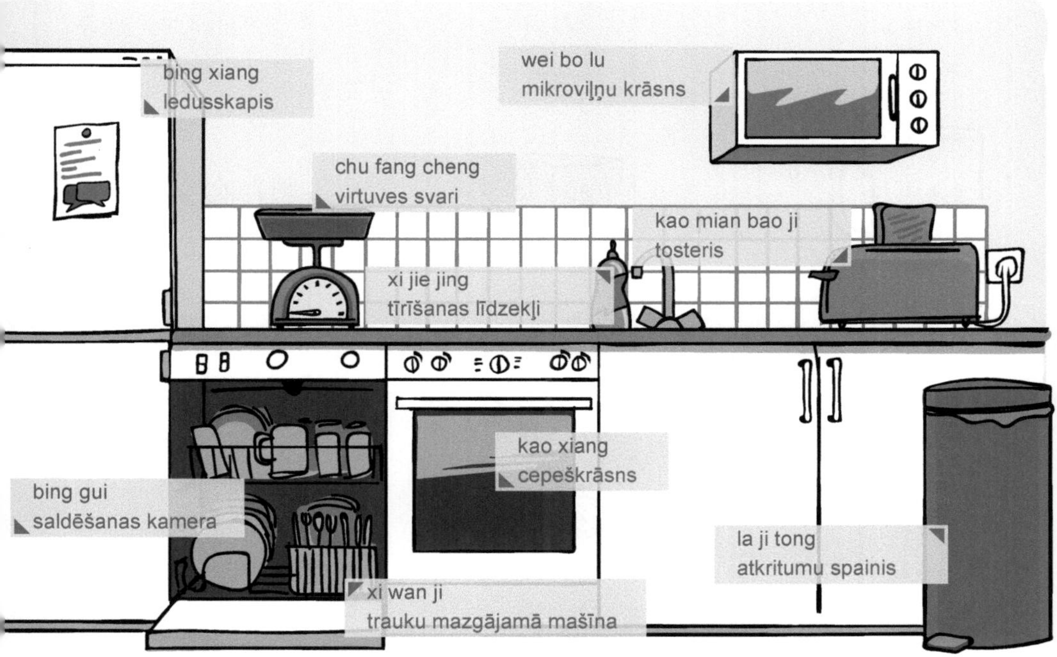
bing xiang
ledusskapis
wei bo lu
mikroviļņu krāsns
chu fang cheng
virtuves svari
kao mian bao ji
tosteris
xi jie jing
tīrīšanas līdzekļi
kao xiang
cepeškrāsns
bing gui
saldēšanas kamera
la ji tong
atkritumu spainis
xi wan ji
trauku mazgājamā mašīna

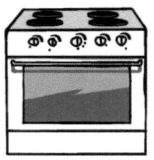

chui ju

plīts

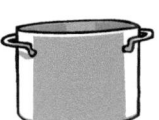

guo

pods

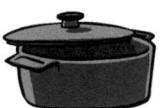

zhu tie guo

katls

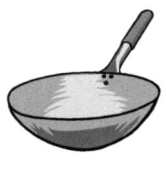

sha guo

Wok panna

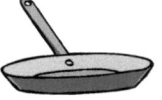

ping di guo

panna

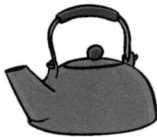

shui hu

elektriskā tējkanna

zheng guo

tvaika katls

kao pan

cepešpanna

tao ci guo

trauki

ma ke bei

krūze

wan

bļoda

kuai zi

irbulīši

chang bing shao

kauss

chan zi

lāpstiņa

jiao ban qi

putošanas slotiņa

lü wang

sietiņš

shai zi

siets

mo sui ji

rīve

yan bo

piesta

shao kao

grilēt

ming huo

atklāts pavards

cai ban

dēlis

gan mian zhang

mīklas rullis

kai ping qi

korķu viļķis

guan zi

bundža

kai ping qi

konservu nazis

ge re shou tao

virtuves cimdi

shui cao

izlietne

shua zi

birste

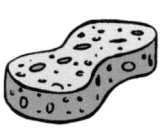

hai mian

sūklis

jiao ban ji

mikseris

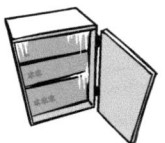

leng cang xiang

saldētava

nai ping

bērna pudelīte

shui long tou

ūdenskrāns

yu shi
vannas istaba

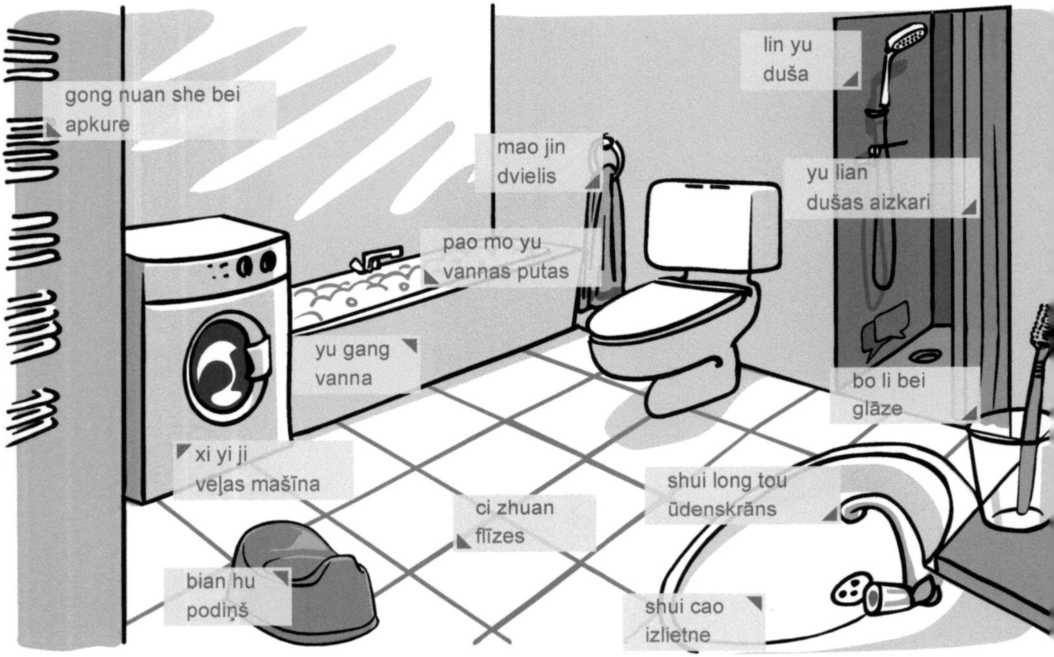

lin yu
duša
gong nuan she bei
apkure
mao jin
dvielis
yu lian
dušas aizkari
pao mo yu
vannas putas
yu gang
vanna
bo li bei
glāze
xi yi ji
veļas mašīna
shui long tou
ūdenskrāns
ci zhuan
flīzes
bian hu
podiņš
shui cao
izlietne

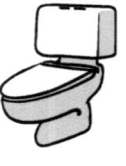

ce suo

tualetes pods

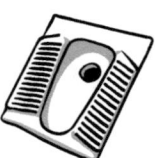

dun bian qi

Āzijas tipa tualete

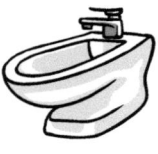

zuo yu qi

bidē

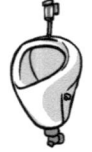

xiao bian chi

pisuārs

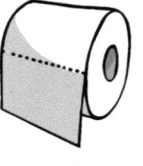

ce zhi

tualetes papīs

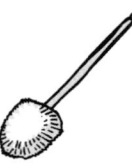

ma tong shua

tualetes birste

ya shua

zobu birste

ya gao

zobu pasta

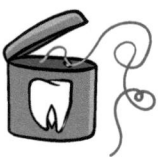

ya xian

zobu diegs

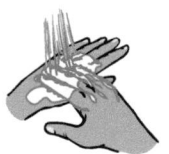

xi

mazgāt

shou chi shi pen lin tou

rokas duša

chong xi qi

duša

xi lian pen

bļoda

ca bei shua

muguras mazgāšanas birste

fei zao

ziepes

mu yu lu

dušas želeja

xi fa shui

šampūns

fa lan rong

mazgāšanas drāna

pai shui

noteka

ru shuang

krēms

chu chou ji

dezodorants

jing zi

spogulis

shou jing

spogulītis

ti xu dao

skuveklis

ti xu pao mo

skūšanās putas

xu hou shui

losjons pēc skūšanās

shu zi

ķemme

shua zi

matu suka

chui feng ji

matu fēns

pen fa ding xing ji

matu laka

hua zhuang pin

grima komplekts

chun gao

lūpu krāsa

zhi jia you

nagulaka

hua zhuang mian

vate

zhi jia jian

šķērītes

xiang shui

smaržas

xi shu bao

kosmētikas maks

deng zi

ķeblītis

ji zhong cheng

svari

yu pao

halāts

xiang jiao shou tao

tīrīšanas cimdi

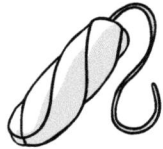

wei sheng mian tiao

tampons

wei sheng jin

pakete

hua xue ce suo

ķīmiskā tualete

er tong fang
bērnu istaba

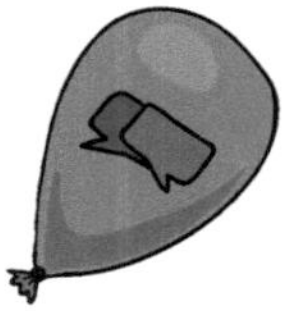

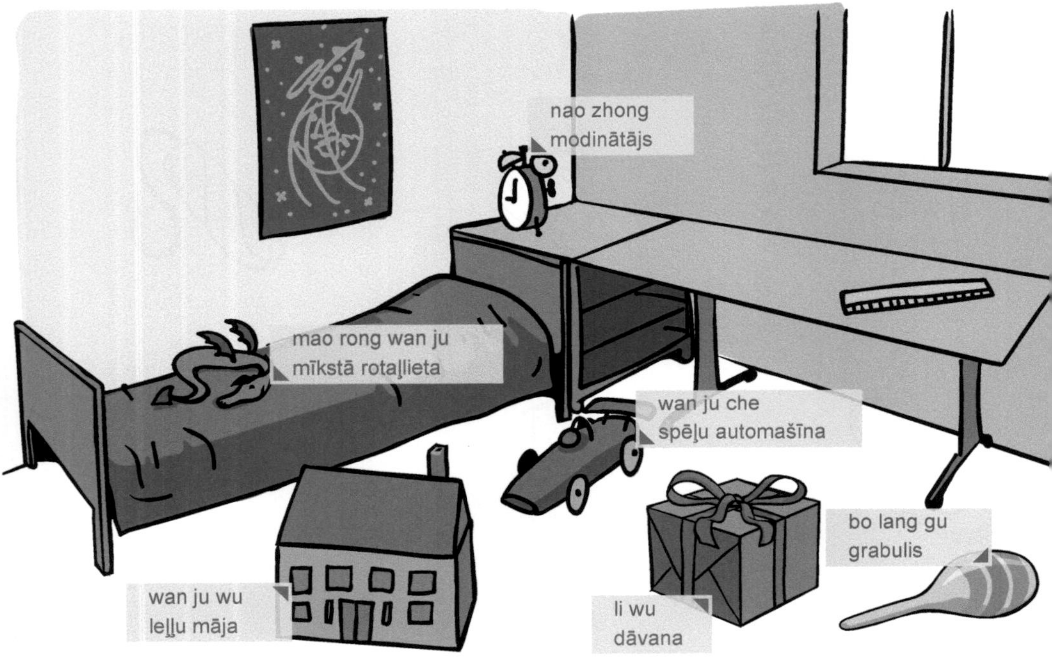

nao zhong
modinātājs
mao rong wan ju
mīkstā rotaļlieta
wan ju che
spēļu automašīna
bo lang gu
grabulis
wan ju wu
leļļu māja
li wu
dāvana

qi qiu

balons

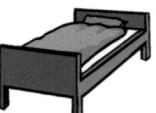

chuang

gulta

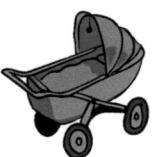

(yang wa wa yong)ying er che

bērnu ratiņi

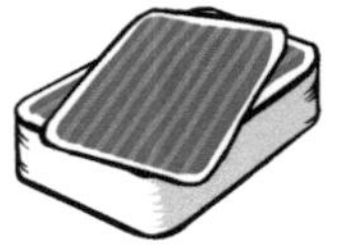

pu ke pai

kārtis

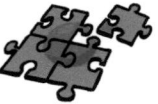

pin tu

puzle

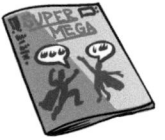

man hua

komikss

le gao ji mu

LEGO klucīši

ji mu wan ju

klucīši

wan ju ren

varoņu figūra

ying er fu

rāpulītis

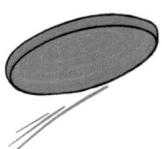

fei pan

lidojošais šķīvītis

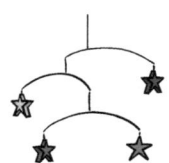

chuang ling wan ju

muzikālais karuselis

qi pan you xi

galda spēle

shai zi

metamais kauliņš

huo che mo xing

rotaļu dzelzceļš

an fu nai zui

māneklis

ju hui

ballīte

hui ben

bilžu grāmata

qiu

bumba

yang wa wa

lelle

wan

spēlēt

sha keng

smilšu kaste

qiu qian

šūpoles

wan ju

rotaļlietas

you xi ji

spēļu konsole

san lun che

trīsritenis

tai di xiong

plīša lācītis

yi chu

drēbju skapis

yi fu

apģērbs

wa zi

īszeķes

chang wa

zeķes

jin shen ku

zeķbikses

wei jin
šalle

pi dai
siksna

yu san
lietussargs

T xu
T-krekls

xue zi
zābaks

tuo xie
čības

yun dong xie
botas

liang xie

sandales

xie

kurpes

yu xue

gumijas zābaki

nei ku

apakšbikses

xiong zhao

krūšturis

bei xin

apakškrekls

shen ti

bodijs

ku zi

bikses

niu zai ku

džinsi

duan qun

svārki

nü shi chen shan

blūze

chen shan

krekls

tao tou shan

pulovers

wei yi

džemperis

xi zhuang jia ke

žakete

jia ke

jaka

wai tao

mētelis

yu yi

lietus mētelis

tao zhuang

kostīms

lian yi qun

kleita

hun sha

kāzu kleita

xi zhuang

uzvalks

shui pao

naktskrekls

shui yi

pidžama

sha li

sari

tou jin

lakats

bao tou jin

turbāns

bo ka

burka

ka fu tan

kaftāns

(a la bo shi)chang pao

abaja

yong yi

peldkostīms

nan shi yong ku

peldbikses

duan ku

šorti

yun dong fu

treniņtērps

wei qun

priekšauts

shou tao

cimdi

niu kou

poga

yan jing

brilles

shou lian

rokassprādze

xiang lian

kaklarota

jie zhi

gredzens

er huan

auskars

bian mao

cepure

yi jia

drēbju pakaramais

mao zi

platmale

ling dai

kaklasaite

la lian

rāvējslēdzējs

tou kui

ķivere

bei dai

bikšturi

xiao fu

skolas forma

zhi fu

uniforma

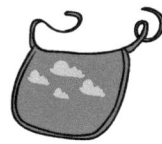

wei dou

priekšautiņš

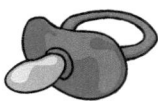

an fu nai zui

māneklis

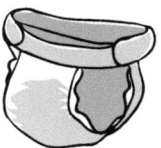

niao bu shi

autiņbiksītes

ban gong shi

birojs

fu wu qi
serveris
wen jian gui
dokumentu skapis
da yin ji
printeris
zhi
papīrs
xian shi ping
monitors
shu biao
pele
ban gong zhuo
rakstāmgalds
wen jian jia
dokumentu vāki
jian pan
klaviatūra
fei zhi kuang
papīrgrozs
dian nao
dators
yi zi
krēsls

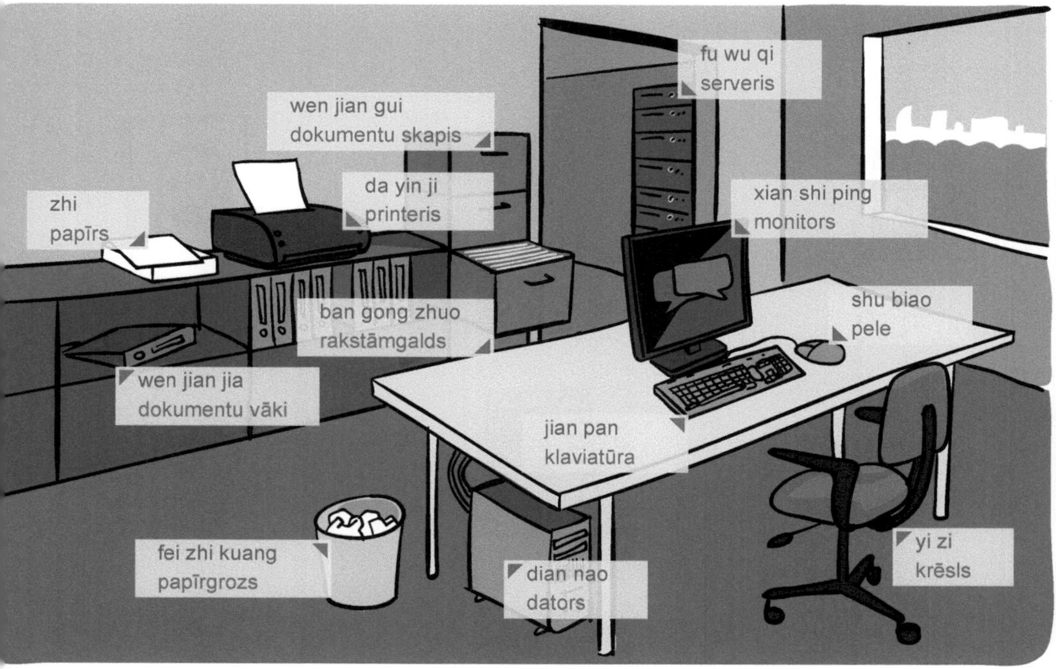

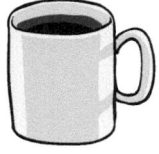

ka fei bei

kafijas krūze

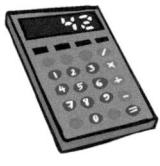

ji suan qi

kalkulators

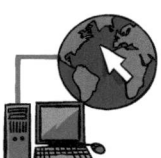

yin te wang

internets

bi ji ben dian nao

portatīvais dators

xin jian

vēstule

xiao xi

ziņa

shou ji

mobilais tālrunis

wang luo

tīkls

fu yin ji

kopētājs

ruan jian

programmatūra

dian hua

telefons

cha zuo

rozete

chuan zhen ji

faksa aparāts

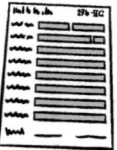

biao ge

formulārs

wen jian

dokuments

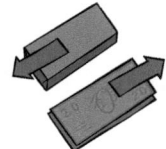

mai
·······
pirkt

fu qian
·······
samaksāt

jiao yi
·······
tirgot

xian jin
·······
nauda

 USD

mei yuan
·······
dolārs

 EUR

ou yuan
·······
eiro

JPY

ri yuan
·······
jēna

RUB

lu bu
·······
rublis

CHF

rui shi fa lang
·······
franks

CNY

ren min bi
·······
juaŋa renminbi

INR

lu bi
·······
rūpija

ti kuan chu
·······
bankomāts

wai bi dui huan chu

valūtas maiņas punkts

jin

zelts

yin

sudrabs

shi you

nafta

neng yuan

enerģija

jia ge

cena

he tong

līgums

shui jin

nodoklis

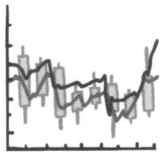

gu piao

akcija

gong zuo

strādāt

zhi yuan

darbinieks

lao ban

darba devējs

gong chang

fabrika

shang dian

veikals

zhi ye
profesijas

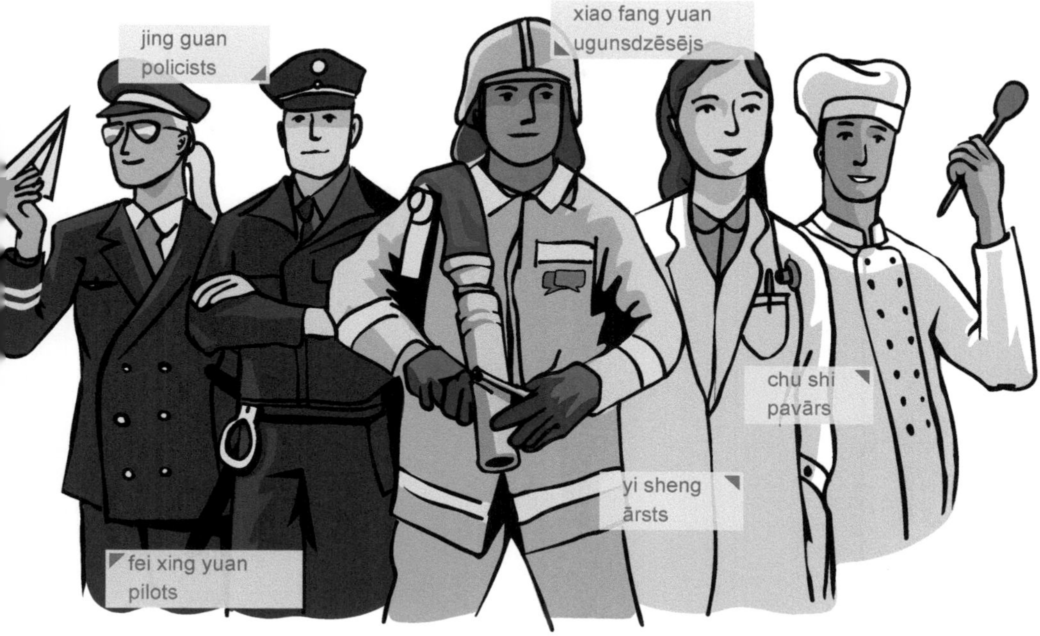
jing guan
policists
xiao fang yuan
ugunsdzēsējs
chu shi
pavārs
yi sheng
ārsts
fei xing yuan
pilots

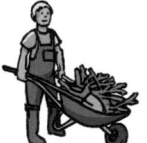

yuan ding
dārznieks

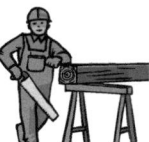

mu jiang
galdnieks

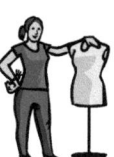

cai feng
šuvēja

fa guan
tiesnesis

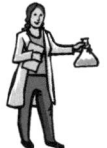

hua xue jia
ķīmiķis

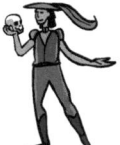

yan yuan
aktieris

gong jiao che si ji

autobusa vadītājs

chu zu che si ji

taksometra vadītājs

yu fu

zvejnieks

qing jie nü gong

apkopēja

wu ding gong

jumiķis

fu wu yuan

viesmīlis

lie ren

mednieks

hua jia

gleznotājs

mian bao shi

maiznieks

dian gong

elektriķis

jian zhu gong ren

celtnieks

gong cheng shi

inženieris

tu fu

miesnieks

shui guan gong

skārdnieks

you di yuan

pastnieks

shi bing

karavīrs

jian zhu shi

arhitekts

shou yin yuan

kasieris

hua nong

florists

li fa shi

frizieris

shou piao yuan

konduktors

ji xie shi

mehāniķis

chuan zhang

kapteinis

ya yi

zobārsts

ke xue jia

zinātnieks

la bi

rabīns

yi ma mu

imāms

he shang

mūks

mu shi

mācītājs

gong ju
instrumenti

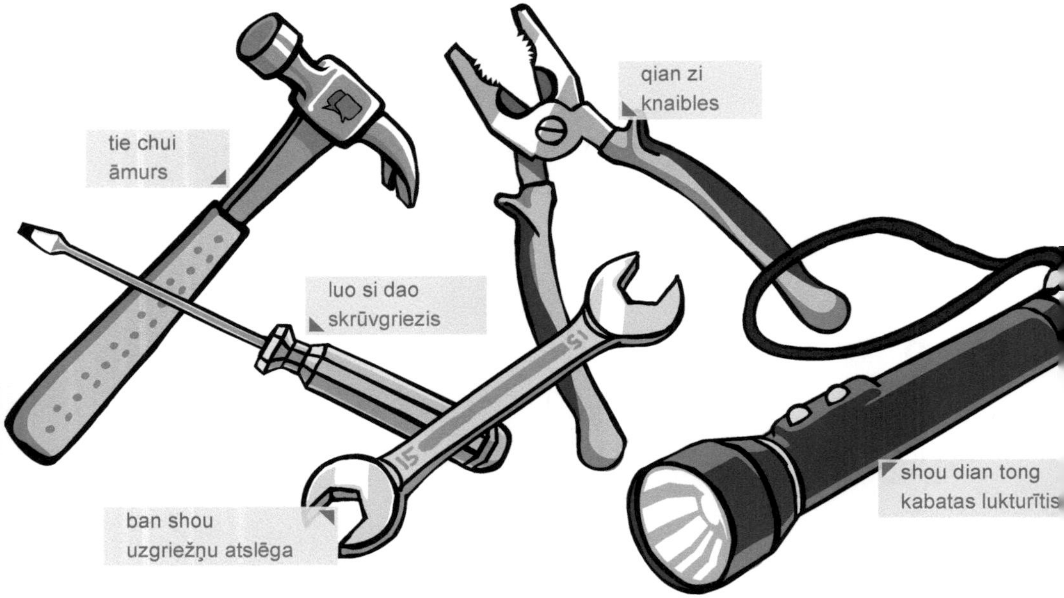
tie chui
āmurs
qian zi
knaibles
luo si dao
skrūvgriezis
shou dian tong
kabatas lukturītis
ban shou
uzgriežņu atslēga

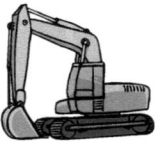

wa jue ji
ekskavators

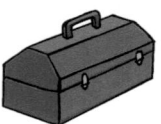

gong ju xiang
instrumentu kaste

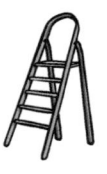

ti zi
kāpnes

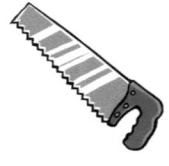

ju zi
zāģis

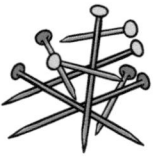

ding zi
naglas

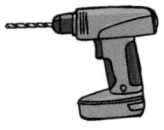

zuan ji
urbis

xiu

remontēt

chan zi

lāpsta

kao!

Velns!

bo ji

liekšķere

you qi tong

krāsas bundža

luo si

skrūves

yue qi
mūzikas instrumenti

yang sheng qi
skaļrunis

da ji yue qi
bungas

ji ta
ģitāra

di yin ti qin
kontrabass

xiao hao
trompete

gang qin

klavieres

xiao ti qin

vijole

bei si

bass

ding yin gu

timpāni

gu

bungas

dian zi qin

digitālās klavieres

sa ke si guan

saksofons

chang di

flauta

mai ke feng

mikrofons

dong wu yuan
zooloģiskais dārzs

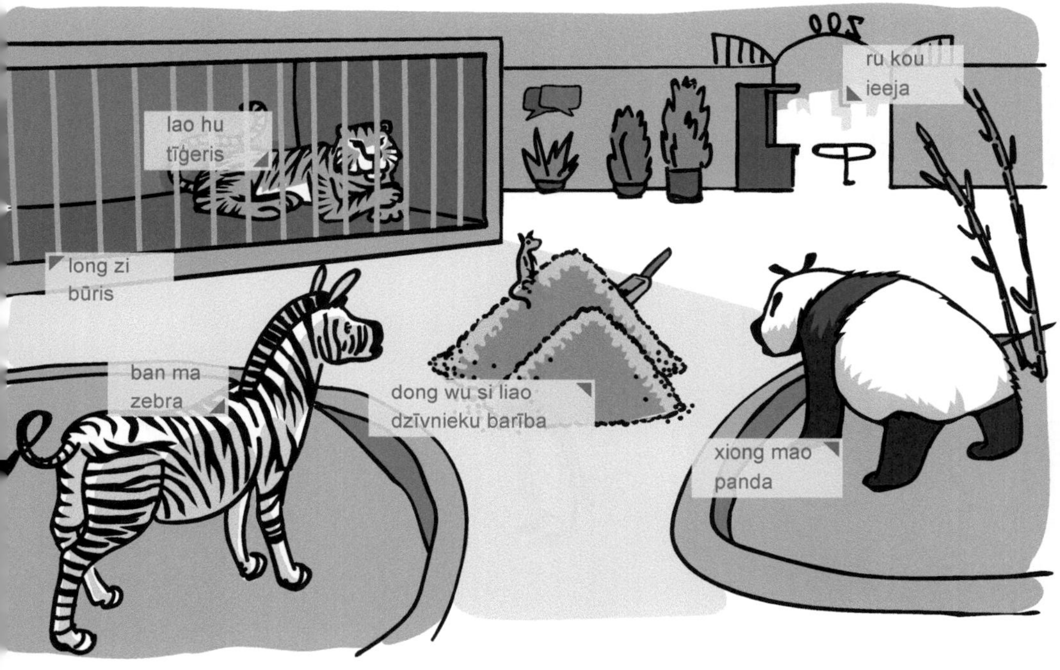
lao hu
tīģeris
long zi
būris
ru kou
ieeja
ban ma
zebra
dong wu si liao
dzīvnieku barība
xiong mao
panda

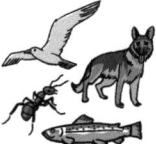

dong wu
dzīvnieki

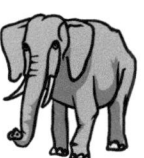

da xiang
zilonis

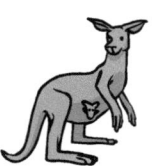

dai shu
ķengurs

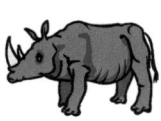

xi niu
degunradzis

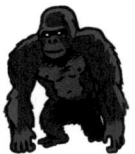

da xing xing
gorilla

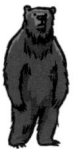

xiong
lācis

luo tuo

kamielis

tuo niao

strauss

shi zi

lauva

hou zi

pērtiķis

huo lie niao

flamings

ying wu

papagailis

bei ji xiong

polārlācis

qi e

pingvīns

sha yu

haizivs

kong que

pāvs

she

čūska

e yu

krokodils

dong wu yuan guan li yuan

zoodārza sargs

hai bao

ronis

mei zhou bao

jaguārs

ai zhong ma

ponijs

bao

leopards

he ma

nīlzirgs

chang jing lu

žirafe

lao ying

ērglis

ye zhu

meža cūka

yu

zivs

gui

bruņurupucis

hai xiang

valzirgs

hu li

lapsa

ling yang

gazele

gan lan qiu
amerikāņu futbols

qi zi xing che
riteņbraukšana

wang qiu
teniss

lan qiu
basketbols

you yong
peldēšana

quan ji
bokss

bing qiu
hokejs

ying shi zu qiu

futbols

yu mao qiu

badmintons

tian jing

vieglatlētika

shou qiu

rokas bumba

hua xue

slēpošana

ma qiu

polo

tiao
lēkt

xiao
smieties

yong bao
apskaut

zou lu
iet

chang
dziedāt

zuo meng
sapņot

qi dao
lūgt

qin wen
skūpstīt

shu xie	hua	zhan shi
rakstīt	zīmēt	rādīt
tui	gei	na
spiest	dot	ņemt

you
būt

zuo
darīt

dang
būt

zhan
stāvēt

pao
skriet

la
vilkt

reng
mest

shuai dao
krist

tang
gulēt

deng dai
gaidīt

xie dai
nest

zuo
sēdēt

chuan yi
uzģērbt

shui jiao
gulēt

xing lai
pamosties

kan
skatīties

ku
raudāt

fu mo
glāstīt

shu tou
ķemmēt

jiao tan
runāt

ming bai
saprast

wen
jautāt

ting
dzirdēt

he
dzert

chi
ēst

qing li
sakārtot

ai
mīlēt

zuo fan
vārīt

kai che
braukt

fei
lidot

hang xing

burot

ji suan

rēķināt

du

lasīt

xue xi

mācīties

gong zuo

strādāt

jie hun

precēties

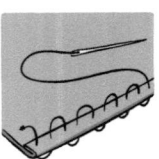

feng

šūt

shua ya

tīrīt zobus

sha

nogalināt

chou yan

smēķēt

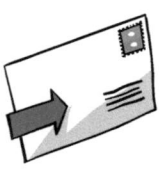

ji

sūtīt

jia
ģimene

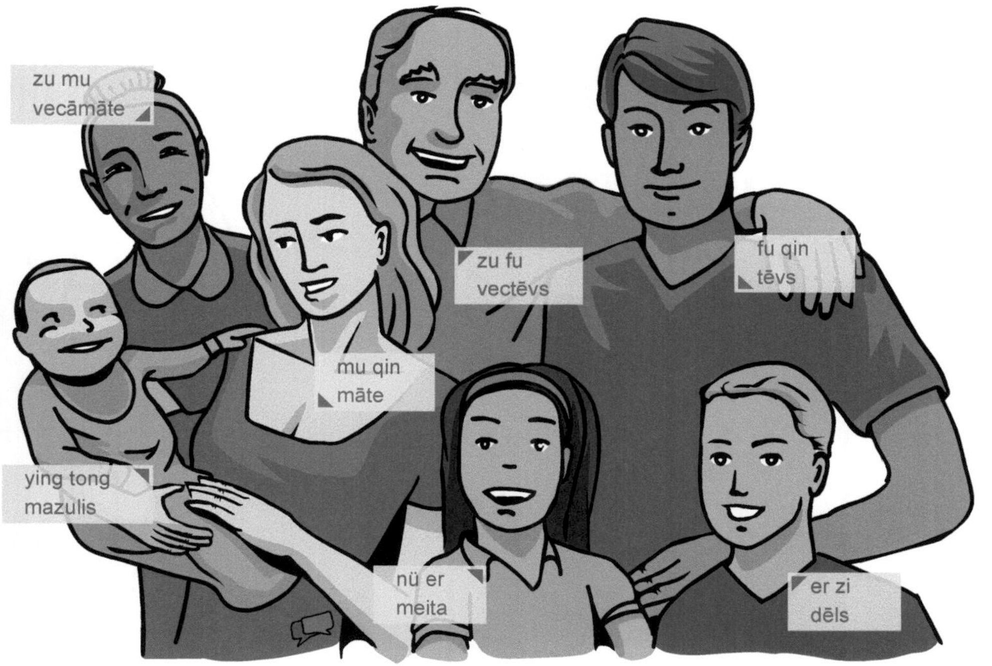
zu mu
vecāmāte
zu fu
vectēvs
fu qin
tēvs
mu qin
māte
ying tong
mazulis
nü er
meita
er zi
dēls

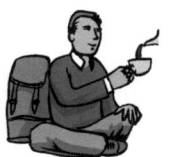

ke ren
viesis

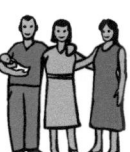

a yi
tante

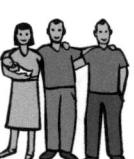

shu shu
onkulis

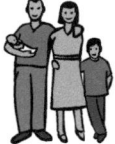

xiong di
brālis

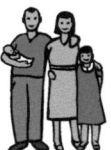

jie mei
māsa

shen ti

ķermenis

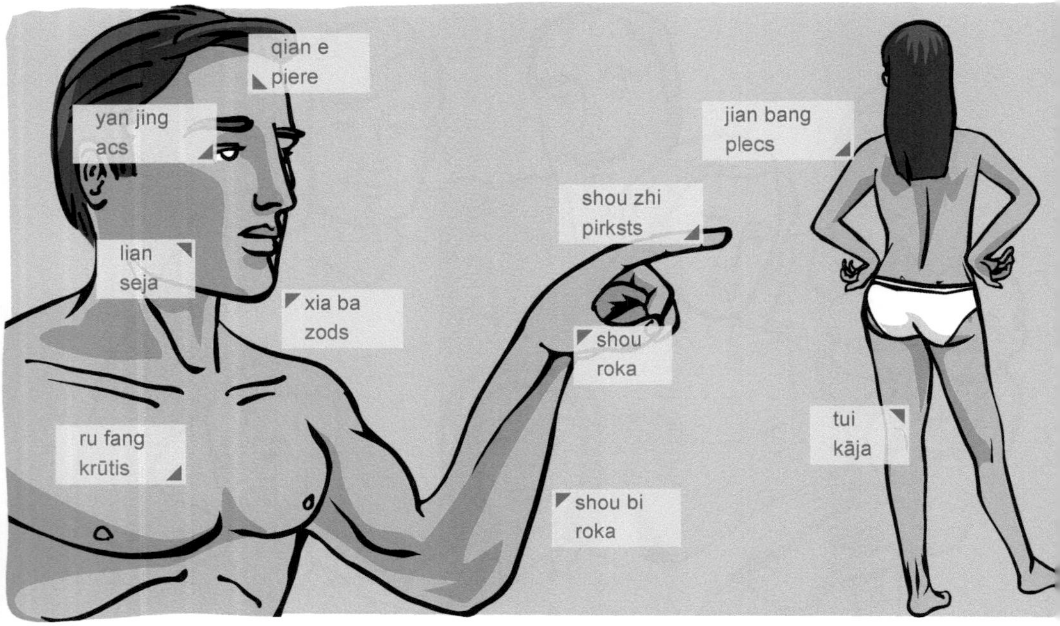

qian e
piere
yan jing
acs
jian bang
plecs
shou zhi
pirksts
lian
seja
xia ba
zods
shou
roka
tui
kāja
ru fang
krūtis
shou bi
roka

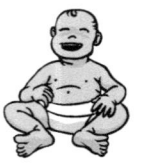

ying tong
mazulis

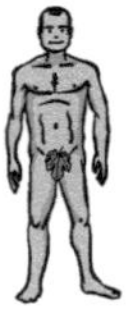
nan ren
vīrietis

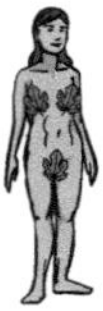
nü ren
sieviete

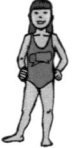

nü hai
meitene

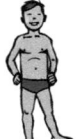

nan hai
zēns

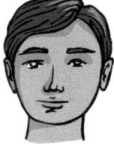

tou
galva

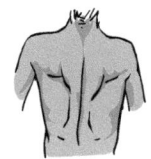

bei bu

mugura

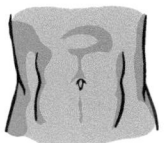

du zi

vēders

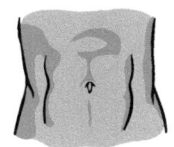

du qi

naba

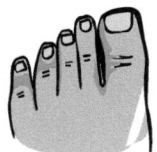

jiao zhi

kājas pirksts

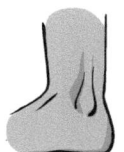

jiao hou gen

papēdis

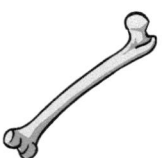

gu tou

kauls

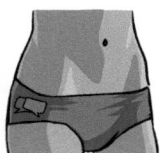

tun bu

gurns

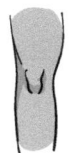

xi gai

celis

shou zhou

elkonis

bi zi

deguns

pi gu

dibens

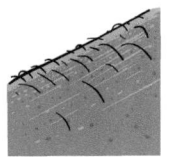

pi fu

āda

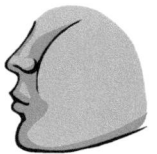

lian jia

vaigs

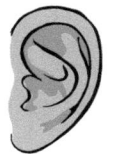

er duo

auss

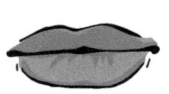

zui chun

lūpa

zui

mute

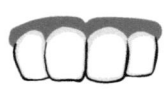

ya chi

zobs

she tou

mēle

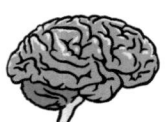

nao

smadzenes

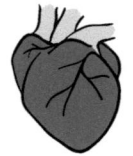

xin zang

sirds

ji rou

muskulis

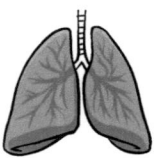

fei

plaušas

gan zang

aknas

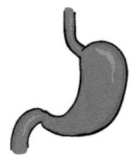

wei

kuņģis

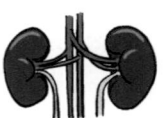

shen zang

nieres

xing jiao

dzimumakts

bi yun tao

kondoms

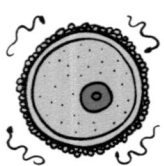

luan zi

olšūna

jing zi

sperma

huai yun

grūtniecība

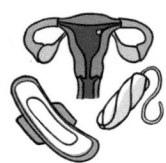

yue jing

menstruācijas

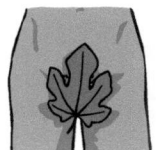

yin dao

vagīna

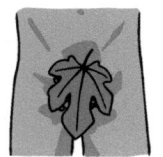

yin jing

penis

mei mao

uzacs

tou fa

mati

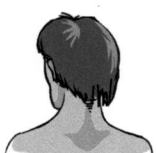

bo zi

kakls

yi yuan
slimnīca

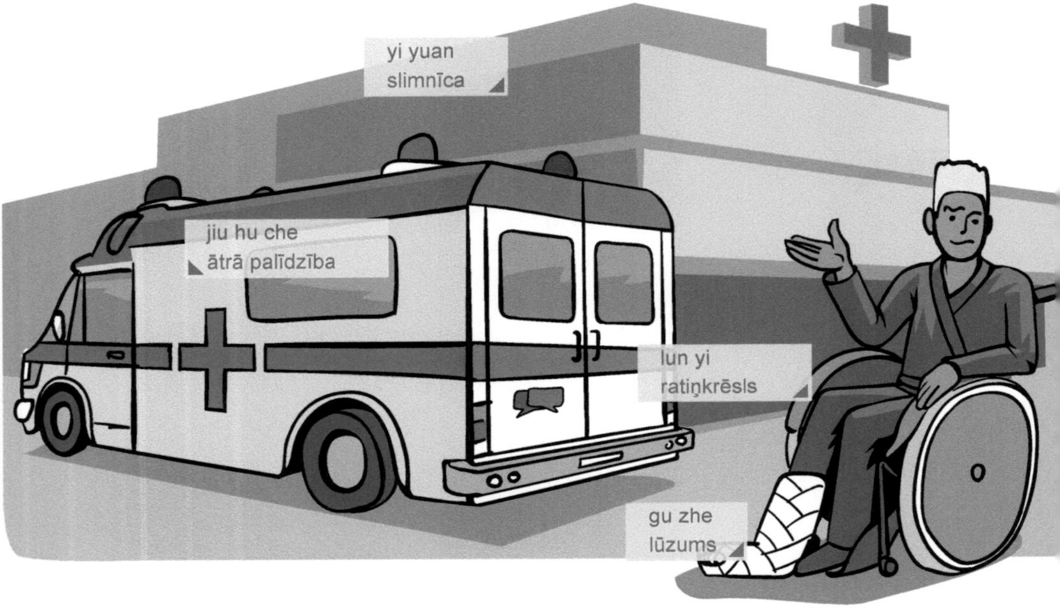

yi yuan
slimnīca
jiu hu che
ātrā palīdzība
lun yi
ratiņkrēsls
gu zhe
lūzums

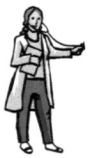

yi sheng

ārsts

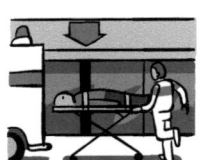

ji zhen shi

neatliekamās palīdzības nodaļa

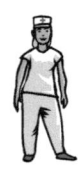

hu shi

medmāsa

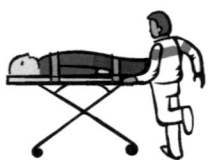

jin ji qing kuang

ārkārtas gadījums

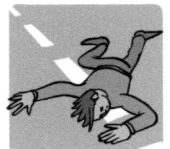

hun mi

paģībis

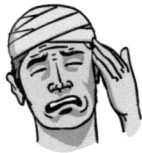

tong

sāpes

shou shang

ievainojums

chu xue

asiņošana

xin zang bing fa zuo

sirdslēkme

zhong feng

insults

guo min

alerģija

ke sou

klepus

fa shao

temperatūra

liu gan

gripa

fu xie

caureja

tou tong

galvassāpes

ai zheng

vēzis

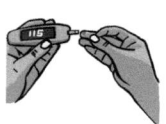

tang niao bing

diabēts

wai ke yi sheng

ķirurgs

shou shu dao

skalpelis

shou shu

operācija

CT
datortomogrāfija

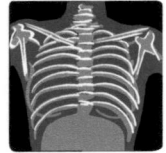

X guang
rentgents

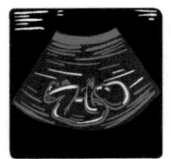

chao sheng bo
ultraskaņa

kou zhao
sejas maska

ji bing
slimība

hou zhen shi
uzgaidāmā telpa

guai zhang
kruķis

shi gao
plāksteris

beng dai
apsējs

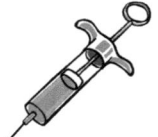

zhu she
injekcija

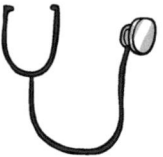

ting zhen qi
stetoskops

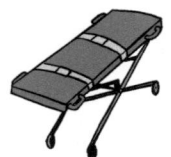

dan jia
nestuves

ti wen ji
termometrs

chu sheng
dzemdības

chao zhong
liekais svars

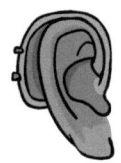

zhu ting qi

dzirdes aparāts

xiao du ye

dezinfekcijas līdzeklis

gan ran

infekcija

bing du

vīruss

ai zi bing

HIV / AIDS

yao wu

zāles

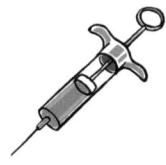

jie zhong yi miao

pote

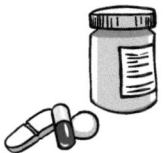

yao pian

tabletes

yao wan

pretapaugļošanās tablete

ji jiu dian hua

ārkārtas izsaukums

xue ya ji

asinsspiediena mērītājs

sheng bing/jian kang

slims / vesels

jiu ming!

Palīgā!

jing bao

trauksme

tu ji

uzbrukums

gong ji

uzbrukums

wei xian

bīstamība

jin ji chu kou

avārijas izeja

zhao huo la!

Uguns!

mie huo qi

ugunsdzēšamais aparāts

yi wai

negadījums

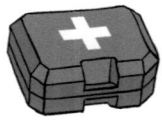

ji jiu xiang

pirmās palīdzības aptieciņa

hu jiu xin hao

SOS

jing cha

policija

ou zhou

Eiropa

bei mei zhou

Ziemeļamerika

nan mei zhou

Dienvidamerika

fei zhou

Āfrika

ya zhou

Āzija

ao zhou

Austrālija

da xi yang

Atlantijas okeāns

tai ping yang

Klusais okeāns

yin du yang

Indijas okeāns

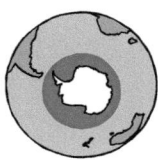

nan bing yang

Dienvidu okeāns

bei bing yang

Ziemeļu ledus okeāns

bei ji

Ziemeļpols

nan ji
....
Dienvidpols

nan ji zhou
....
Antarktika

di qiu
....
zeme

lu di
....
zeme

hai
....
jūra

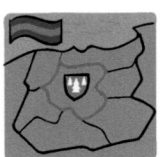

dao
....
sala

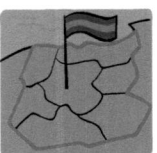

guo jia
....
nācija

guo jia
....
valsts

zhong mian

ciparnīca

shi zhen

stundu rādītājs

fen zhen

minūšu rādītājs

miao zhen

sekunžu rādītājs

xian zai ji dian?

Cik ir pulkstenis?

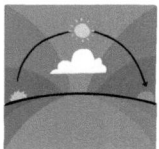

tian

diena

shi jian

laiks

xian zai

tagad

dian zi biao

digitālais pulkstenis

fen

minūte

shi

stunda

zhou
nedēļa

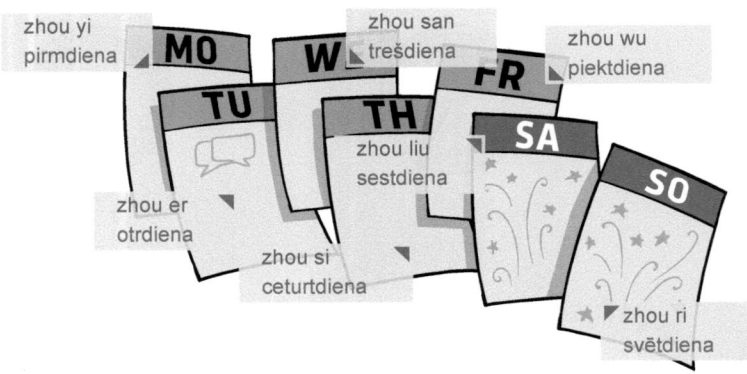

zhou yi
pirmdiena

zhou san
trešdiena

zhou wu
piektdiena

zhou er
otrdiena

zhou si
ceturtdiena

zhou liu
sestdiena

zhou ri
svētdiena

zuo tian
....
vakardien

jin tian
....
šodien

ming tian
....
rītdien

zao chen
....
rīts

zhong wu
....
pusdienlaiks

wan shang
....
vakars

MO	TU	WE	TH	FR	SA	SU
1	2	3	4	5	6	7
8	9	10	11	12	13	14
15	16	17	18	19	20	21
22	23	24	25	26	27	28
29	30	31	1	2	3	4

gong zuo ri
....
darbadienas

MO	TU	WE	TH	FR	SA	SU
1	2	3	4	5	6	7
8	9	10	11	12	13	14
15	16	17	18	19	20	21
22	23	24	25	26	27	28
29	30	31	1	2	3	4

zhou mo
....
brīvdienas

nian
gads

yu
lietus
cai hong
varavīksne
feng
vējš
xue
sniegs
chun
pavasaris
qiu
rudens
xia
vasara
dong
ziema

4.APRIL 11°
5.APRIL 4°
6.APRIL 13°
7.APRIL 8°
8.APRIL 10°

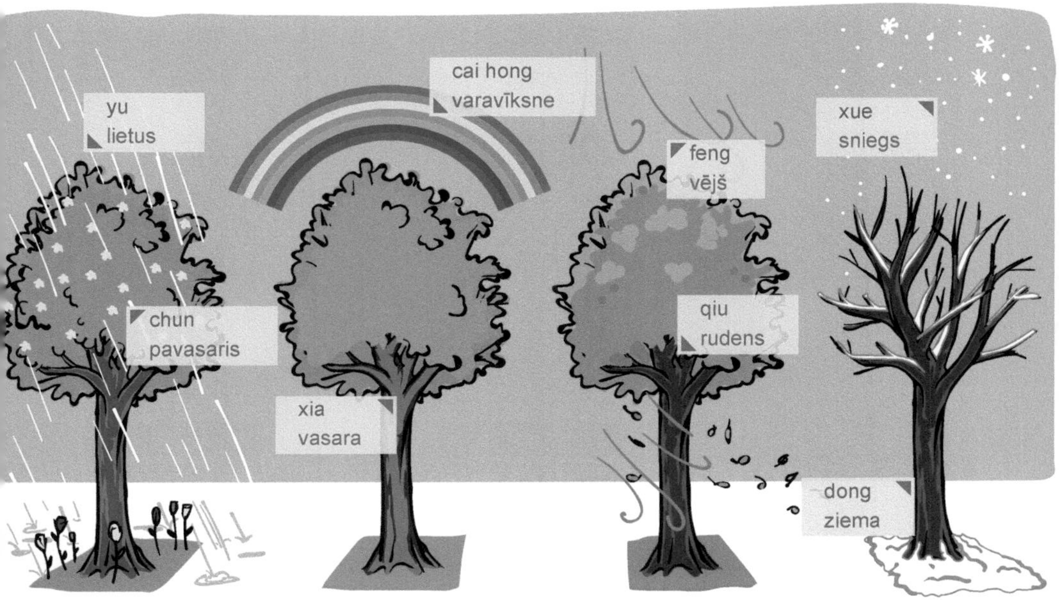

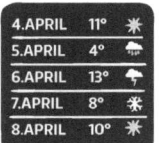

tian qi yu bao

laika prognoze

F C
120 40
90 30
60 20
30 10
0 0
-30 -10
-20

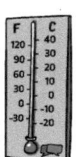

wen du ji

termometrs

yang guang

saules gaisma

yun

mākonis

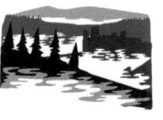

wu

migla

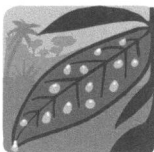

chao shi

gaisa mitrums

shan dian

zibens

da lei

pērkons

feng bao

vētra

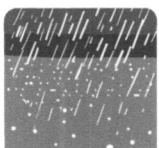

bing bao

krusa

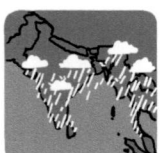

ji feng

musons

hong shui

plūdi

bing

ledus

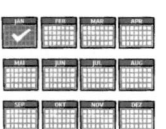

yi yue

janvāris

er yue

februāris

san yue

marts

si yue

aprīlis

wu yue

maijs

liu yue

jūnijs

qi yue

jūlijs

ba yue

augusts

jiu yue

septembris

shi yue

oktobris

shi yi yue

novembris

shi er yue

decembris

yuan xing

aplis

zheng fang xing

kvadrāts

chang fang xing

četrstūris

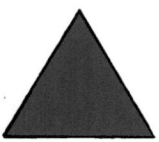

san jiao xing

trīsstūris

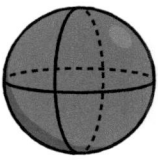

qiu ti

lode

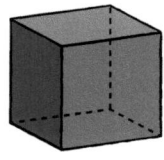

li fang ti

kubs

bai
....
balts

huang
....
dzeltens

cheng
....
oranžs

fen
....
sārts

hong
....
sarkans

zi
....
lillā

lan
....
zils

lü
....
zaļš

zong
....
brūns

hui
....
pelēks

hei
....
melns

hen duo/shao xu

daudz / maz

sheng qi/ping jing

saniknots / miermīlīgs

mei/chou

skaists / neglīts

shou/wei

sākums / beigas

da/xiao

liels / mazs

ming/an

gaišs / tumšs

xiong di/jie mei

brālis / māsa

gan jing/ang zang

tīrs / netīrs

wan zheng/que shi

pilnīgs / nepilnīgs

bai tian/wan shang

diena / nakts

si/sheng

miris / dzīvs

kuan/zhai

plats / šaurs

ke shi yong/fei shi yong

baudāms / nebaudāms

xie e/shan liang

nikns / laipns

xing fen/wu liao

satraukts / garlaikots

pang/shou

resns / tievs

di yi/zui hou

pirmais /pēdējais

peng you/di ren

draugs / ienaidnieks

man/kong

pilns / tukšs

ying/ruan

ciets / mīksts

zhong/qing

smags / viegls

e/ke

izsalkums / slāpes

sheng bing/jian kang

slims / vesels

fei fa/he fa

nelegāls / legāls

cong ming/yu ben

inteliģents / dumjš

zuo/you

kreisais / labais

jin/yuan

tuvu / tālu

xin/jiu

jauns / lietots

mei you/you xie

nekas / kaut kas

lao/you

vecs / jauns

kai/guan

ieslēgts / izslēgts

da kai/he shang

atvērts / slēgts

an jing/chao nao

kluss / skaļš

fu/qiong

bagāts / nabags

dui/cuo

pareizi / nepareizi

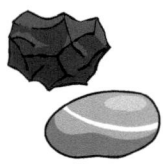

cu cao/guang hua

raupjš / gluds

shang xin/gao xing

noskumis / laimīgs

duan/chang

īss / garš

man/kuai

lēns / ātrs

shi/gan

slapjš / sauss

wen nuan/liang shuang

silts / vēss

zhan zheng/he ping

karš / miers

0

ling

nulle

1

yi

viens

2

er

divi

3

san

trīs

4

si

četri

5

wu

pieci

6

liu

seši

7

qi

septiņi

8

ba

astoņi

9

jiu

deviņi

10

shi

desmit

11

shi yi

vienpadsmit

12

shi er

divpadsmit

13

shi san

trīspadsmit

14

shi si

četrpadsmit

15

shi wu

piecpadsmit

16

shi liu

sešpadsmit

17

shi qi

septiņpadsmit

18

shi ba

astoņpadsmit

19

shi jiu

deviņpadsmit

20

er shi

divdesmit

100

bai

simts

1.000

qian

tūkstotis

1.000.000

bai wan

miljons

ying yu

angļu

mei shi ying yu

amerikāņu angļu

pu tong hua

ķīniešu mandarīnu valoda

yin di yu

hindi

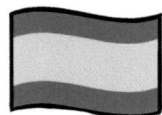

xi ban ya yu

spāņu

fa yu

franču

a la bo yu

arābu

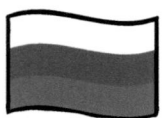

e yu

krievu

pu tao ya yu

portugāļu

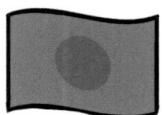

feng jia la yu

bengāļu

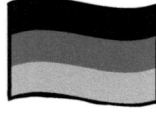

de yu

vācu

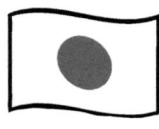

ri yu

japāņu

wo
....
es

ni
....
tu

ta/ta/ta
....
viņš / viņa

wo men
....
mēs

ni men
....
jūs

ta men
....
viņi / viņas

shei?
....
kas?

shen me?
....
ko?

zen yang?
....
kā?

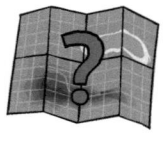

na li?
....
kur?

shen me shi hou?
....
kad?

ming zi
....
vārds

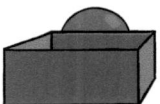

hou mian

aiz

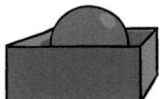

li mian

iekšā

qian mian

priekšā

shang fang

virs

shang mian

uz

xia mian

zem

pang bian

blakus

zhong jian

starp

di dian

vieta